Bibliografische Information der Deutschen Nationalbibliothek:

Die Deutsche Bibliothek verzeichnet diese Publikation in der Deutschen National-bibliografie; detaillierte bibliografische Daten sind im Internet über http://dnb.d-nb.de/ abrufbar.

Impressum:

Copyright © 2017 GRIN Verlag, Open Publishing GmbH
Druck und Bindung: Books on Demand GmbH, Norderstedt Germany
ISBN: 9783668512146

Dieses Buch bei GRIN:

http://www.grin.com/de/e-book/373810/der-verlust-des-jenseits-symptome-der-transgenderisierung-der-menschheit

Christoph-Maria Liegener

Der Verlust des Jenseits. Symptome der Transgenderisierung der Menschheit

GRIN Verlag

GRIN - Your knowledge has value

Der GRIN Verlag publiziert seit 1998 wissenschaftliche Arbeiten von Studenten, Hochschullehrern und anderen Akademikern als eBook und gedrucktes Buch. Die Verlagswebsite www.grin.com ist die ideale Plattform zur Veröffentlichung von Hausarbeiten, Abschlussarbeiten, wissenschaftlichen Aufsätzen, Dissertationen und Fachbüchern.

Besuchen Sie uns im Internet:

http://www.grin.com/

http://www.facebook.com/grincom

http://www.twitter.com/grin_com

Christoph-Maria Liegener

Der Verlust des Jenseits

Symptome der Transgenderisierung
der Menschheit

Ich war da, ich musste gehen. Ich machte keine Spuren. Aber der Wind hat mein Lied gehört.

(Indianische Weisheit)

Inhalt

Vorwort

Im Verlauf der Arbeiten zur Transgenderisierung der Menschheit (Liegener, 2016a, 2016b,
2017a, 2017b) stellte sich heraus, dass mit der
Aufgabe spezifischer Jenseitsvorstellungen ein
wichtiges Beispiel für die Auswirkungen der
Transgenderisierung der Menschheit auf den
Zeitgeist vorliegt. Das Thema wurde vertieft
und gesondert behandelt. Der vorliegende
Aufsatz soll die Ergebnisse darstellen.

Dr. Dr. Christoph-Maria Liegener

Einleitung

Die Menschheit wird weiblich. Die Gründe und einige Symptome sind kürzlich diskutiert worden (Liegener, 2017a, 2017b). Selbstverständlich konnten im ersten Anlauf nicht alle Fragestellungen aufgeworfen und beantwortet werden. Ein Punkt, der sich erst später als wichtig herauskristallisierte, ist die Behandlung des Jenseits in der weiblichen und der vorhergehenden männlichen Welt.

Gehören die Prophezeiungen vom Jenseits zu jenen vollmundigen Versprechungen der Männerwelt, die so gern gemacht und so selten eingelöst werden? Wenn ja, was tritt in der weiblichen Welt an die Stelle dieser Versprechungen?

Die Beschäftigung des Menschen mit seinem unausweichlichen Tod führte schon früh dazu, sich Gedanken über ein Jenseits zu machen. Da man über ein Jenseits objektiv nichts wissen kann, sind die Vorstellungen davon Ausdruck der kollektiven Psyche der Gesellschaft, die sie ins Leben ruft. Sich mit der Geschichte des Jenseits zu beschäftigen, lehrt uns viel über uns selbst (Segal, 2004, Delumeau, 2010). Somit ist es natürlich, dass sich die Vorstellungen vom Jenseits im Lauf der Jahrtausende wandelten (Lang, 2003). Der Wandel der Jenseitsvorstellungen korreliert mit den kollektivpsychologischen Wandlungen der Menschheit.

Ein Abschied vom Jenseits tritt in unserer Zeit immer deutlicher zutage (Braun, 2000, Lang, 2003). Als Gründe wurde die verlängerte Lebenserwartung genannt sowie religionskritische Strömungen (Braun, 2000, S.15). Diese Faktoren sind zwar an der Entstehung des Phänomens beteiligt, aber selbst auch nur Symptome einer der spektakulärsten kollektivpsychologischen Wandlungen der Menschheit in ihrer Geschichte. Diese Wandlung findet derzeit gerade statt. Es handelt sich um die Transgenderisierung der Menschheit.

Damit ist gemeint, dass die kollektive Psyche der Menschheit mit der Psyche von Individuen verglichen werden kann und sich von der Psyche eines Muttersohnes zu der einer Muttertochter wandelt (Liegener, 2017a). Bei einem so tiefgreifenden Wandel sollten die Effekte auf die Jenseitsvorstellungen dramatisch sein und sie sind es. Man kann geradezu von einem Verlust spezifischer Jenseitsvorstellungen sprechen. Was darunter im Einzelnen zu verstehen ist, soll in diesem Aufsatz aus kollektivpsychologischer Sicht beleuchtet werden.

Die Transgenderisierung der Menschheit

Ausgangspunkt der kollektivpsychologischen Betrachtung der Menschheitsgeschichte ist die These, dass die Entwicklung der Menschheit Ähnlichkeiten mit der psychischen Entwicklung eines Individuums aufweist. Die Einsicht, dass das Kollektiv der gesamten Menschheit in ähnlicher Weise zum Gegenstand einer psychologischen Betrachtung gemacht werden kann wie ein Individuum, ist nicht neu. C.G. Jung hatte auf diese Weise der gesamten Menschheit ein Unterbewusstsein zugeordnet, das er als das kollektive Unbewusste bezeichnete (Jung, 2011).

Ausgehend von dieser These kann man der Menschheit verschiedene Entwicklungsphasen zuschreiben. Dabei kann die Frühzeit der Menschheit als Säuglingsphase angesehen werden. Die Menschheit war in diesem Stadium vollständig von der Natur abhängig, versinnbildlicht durch die Urmutter als das weibliche Prinzip der Fruchtbarkeit. Die Früchte der Natur ernährten die Menschen; die Höhle – der Mutterschoß – bot ihnen Schutz. Der Säugling brauchte die Mutter.

Die nächste Phase war die Kleinkindphase. In dieser Phase wird beim Individuum die Sprache ausgebildet. Auch die Menschheit entwickelte in dieser Zeit ihre Sprachen.

In der Kleinkindphase ist die Menschheit noch nicht organisiert. Ihr Zustand kann als anarchisch bezeichnet werden. Diese Form des Zusammenlebens bestand seit der Altsteinzeit. Es gab noch keine Hierarchien – und auch keine Kriege (Barclay, 1982). Es ist die vorpubertäre Phase der Menschheit. Eine in gewisser Weise unkomplizierte Zeit! Wie sich herausstellen wird, könnte auch die Zukunft Ähnliches für uns bereithalten.

Im Zuge der Weiterentwicklung wurde die Wechselwirkung mit der Umwelt ausgelebt. Anfänge einer rationalen Beeinflussung der Umwelt bildeten sich aus – ein männlicher Charakterzug im Gegensatz zur weiblichen Passivität. Die Menschheit glich psychisch einem kleinen Jungen, voller Eroberungsdrang, wild und ungezügelt, aber die Mutter verehrend.

Bekanntlich bauen Frauen Netzwerke, Männer Hierarchien (Schwarz, 2007, S.235). In der Kupferzeit begann die nun männliche Menschheit damit, sich hierarchisch zu organisieren. In der Varna-Kultur gab es erstmals Hinweise auf eine (männliche) Oberschicht.

Ein väterlicher Gott hatte sich zu der Zeit noch nicht offenbart.

Starke Mutterbindung, fehlender Vater – die psychische Situation der Menschheit in der nun beginnenden und für lange Zeit anhaltenden Phase erinnert an einen Muttersohn

Als Muttersohn wird ein Sohn bezeichnet, der besonders stark an seine Mutter gebunden ist, während der Vater abwesend oder schwach ist. Pilgrim wies darauf hin, dass die Mutter in ihrem Sohn die Möglichkeit zur Erfüllung ihrer unerfüllten Wünsche sieht (Pilgrim, 1986). Sie erzieht ihn so, dass er eines Tages ihre Ideale verwirklichen möge. Dadurch entsteht im Sohn ein Sendungsbewusstsein, das ihn zum Narziss macht.

Die Urmutter wirkte als Mutter der (männlichen) Menschheit. Die starke Mutterbindung und der Vaterhass des Sohnes zieht sich durch die gesamte Mythologie der Antike, angefangen von Ödipus bis hin zu den griechischen Muttergöttinnen in drei Generationen der Theogonie: Gaia, Rhea und Hera, die alle drei Söhne gebaren, die sich mit ihren Müttern gegen ihre Väter verbündeten (in den ersten beiden Generationen mit Erfolg, in der Generation der olympischen Götter ohne Erfolg; Hephaistos soll sich bei einer solchen Gelegenheit am Fuß verletzt haben; Apoll musste nach einem Konflikt mit Zeus zur Strafe Kühe hüten).

Die psychische Situation der Menschheit und ihrer Mutter passt noch in einer weiteren Hinsicht zum Begriff des Muttersohnes. Die Urmutter war in der Natur allgegenwärtig, konnte jedoch nicht selbst handeln. Die Menschheit, die sich einbildete, den Willen der Urmutter zu kennen, handelte für sie, verwirklichte ihren Willen. Der Narzissmus der Menschheit zeigt sich in der Rücksichtslosigkeit bei der Ausbeutung der Natur und sogar in der Phantasie der Menschheit, wenn in Science-Fiction-Romanen beschrieben wird, wie sich die Menschen ein Zusammentreffen mit fiktiven Außerirdischen vorstellt (Liegener, 2017a, S. 37).

Um als Mann durchzusetzen, was seine Mutter nicht verwirklichen konnte, muss der Muttersohn eine männliche Maske tragen und die ihm von der Mutter mitgegebene weibliche Prägung unterdrücken (Pilgrim, 1986). Diese Zerrissenheit zwischen weiblicher und männlicher Identität führt dazu, dass der Muttersohn zur Selbstzerstörung neigt (Pilgrim, 1986).

Diese fatale Disposition ergibt sich auch aus einer anderen Betrachtung: Der Mensch im Allgemeinen neigt evolutionsbedingt dazu, sich immer leicht zu überfordern (Liegener, 2015). Zwangsläufig wird also auch der Muttersohn seine hochgesteckten und ihm heiligen Ziele nicht erreichen können. Ein Scheitern kann er jedoch als Narziss nicht hinnehmen. Ein Naziss sieht in einem solchen Fall nur einen Ausweg: die Selbstzerstörung.

Wenn die These zutrifft, dass das Kollektiv der Menschheit psychisch einem Muttersohn gleicht, dann könnte uns eine katastrophale Zukunft bevorstehen (Liegener, 2016b, 2017a): Die Selbstzerstörung der Menschheit. Viele Anzeichen dafür lassen sich beobachten (Kalter Krieg, Nuklearer Overkill, menschengemachter Klimawandel, genmodifizierte Viren etc. etc.).

Schon der Umgang mit der Natur lässt nichts Gutes erwarten. Die Menschheit hatte sich seit jeher berechtigt gesehen, sich die Natur untertan zu machen – es war der Auftrag der Großen Mutter. Nur übertrieb der Muttersohn, wie es seine Art ist, bei der Ausführung des Auftrages. Er beutete die Natur bis an den Rand der Zerstörung aus und beraubte sich damit selbst seiner Lebensgrundlage.

Von der Selbstzerfleischung der muttersohnartigen Menschheit künden auch unzählige Kriege. Kämpfe überall. Es geht im kleinsten

Kreis weiter. Dass der Muttersohn seine weibliche Seite unterdrückt, äußert sich bei der Menschheit in der Unterdrückung der Frauen in allen muttersohngeprägten Gesellschaften.

Die endgültige Selbstzerstörung ist dennoch nicht unausweichlich. Es gibt einen Ausweg und die Menschheit ist dabei, ihn zu beschreiten. Dieser nun eingeschlagene Weg läutet eine neue Phase in der psychischen Entwicklung der Menschheit ein. Es handelt sich um den Wandel von einem Muttersohn zu einer Muttertochter – die Transgenderisierung der Menschheit (Liegener, 2016a, 2016b, 2017a).

Ausgelöst wird dieser Wandel durch einen Selbsterhaltungsmechanismus der Menschheit.

Im Unterbewusstsein spürte das Kollektiv bereits, dass es in eine Existenzkrise geraten war. Diese Einsicht gelangte nach und nach ins Bewusstsein, man erkannte die Grenzen des Wachstums (Bardi, 2011).

Es kommt jedoch noch eine kulturgeschichtliche Komponente hinzu: Die Menschheit musste ihre Einsamkeit im All erfahren. Durch Fortschritte in der Astronomie erkannte die Menschheit im Lauf der Jahrhunderte, dass sie nicht Mittelpunkt des Universums war. Das war ein schwerer Schlag für den Narzissmus des Muttersohnes. Ferner stellte die Biologie durch die Evolutionslehre den bisherigen Gottesglauben auf die Probe. Zweifel an der Bibel kamen auf. Die Menschheit fand sich allein in einem riesigen, unbekannten Weltall und Gottes Wort schien keine befriedigenden Antworten zu geben. Das Urgefühl der Existenzangst stieg auf.

Bei Existenzangst ruft der Mensch nach seiner Mutter. Er sehnt sich nach weiblicher Geborgenheit. Frauen geben und suchen Geborgenheit. Das ist ihre Domäne. Der Muttersohn tendiert also zu seiner weiblichen Seite.

Es gibt noch einen weiteren Auslöser der Transgenderisierung. Frauen kommen nämlich mit Überlebenssituationen besser zurecht als Männer. Das ist bekannt (Albrecht, 2008). Da die Geburt eines Kindes zu den schmerzhaftesten Erlebnissen gehört, die Menschen erleiden können, hatten Frauen die größere Leidensfähigkeit ausbilden müssen. Diese weibliche Resilienz wird nun in der Krise gebraucht und mobilisiert. Die Menschheit beginnt daher, sich zu transgenderisieren.

Dieser Vorgang hat schon begonnen und entfaltet sich stufenweise. Er erstreckte sich über die letzten Jahrhunderte (Liegener, 2017a, 2017b) und wird sich die nächste Zeit fortsetzen.

Überall in unserer Welt lässt sich die beginnende Transgenderisierung der Menschheit beobachten (Liegener, 2017a, 2017b). Es fängt bereits in der Schule an. „Soft Skills" statt „Hard Skills" werden gelernt. Auf Leistung, einen von Männern bevorzugten Maßstab, wird weniger Wert gelegt, dafür mehr auf soziale Kompetenz, eine weibliche Stärke.

Die Hierarchien der männlichen Welt werden in der weiblich werdenden Welt durch Netzwerke ersetzt – Demokratien statt Monarchien. Ein Lichtblick: Die Geschichte der Menschheit zeigt, dass es ohne Hierarchien auch keine Kriege mehr geben wird. Der Anarchismus wurde im 19. Jahrhundert wiederentdeckt.

Kinder und Jugendliche erfahren den Zerfall der Hierarchien in der Schule. Die Dreiklassengesellschaft von Hauptschule, Realschule und Gymnasium wird aufgeweicht und aufgelöst.

Im Berufsleben nimmt Mobbing zu. Mobbing zu praktizieren heißt ja, die Macht eines Netzwerkes zur Wirkung zu bringen Das ist eine weibliche Taktik. Frauen bevorzugen dabei den Psychoterror. Die natürliche Folge des Weiblich-Werdens der Welt: psychische Erkrankungen am Arbeitsplatz. Es gibt mehr Frühverrentungen aus psychischen Gründen (DRV, 2015).

Noch allgemeiner kann man von einem „Wertewandel" sprechen, der seit Mitte der sechziger Jahre stattgefunden hat: Materialistische Werte wurden von postmaterialistischen Werten abgelöst (Inglehart, 1977, 1995). Materialistische Werte wie körperliches Wohlergehen und Unversehrtheit sind männliche Werte. Sie fielen in der Frühzeit in den Zuständigkeitsbereich der Männer, die wilde Tiere und Feinde, eben physische Gefahren abwehrten. Als postmaterialistische Werte bezeichnet man solche, die über das Existenzielle hinausgehen. Dazu zählen Glück, Einfühlsamkeit, Geselligkeit. Es sind weibliche Werte, Werte, um die sich seit jeher die Frauen gekümmert haben. Frauen machten die Höhle wohnlich, sorgten für die „kleinen" Dinge.

Der beobachtete Wertewandel stellt also eine Verschiebung von männlichen zu weiblichen Werten dar. Er wird von der Generation Y (Geburtsjahr zwischen 1980 und 2000) wieder aufgewärmt (Bund, 2014).

Die weibliche Betonung der Kommunikation führt dazu, dass eine „Kultur der Klicks" entstanden ist. Nicht mehr die Qualität des Inhalts einer Nachricht zählt, sondern die Zahl der Klicks, die sie in Netz erhält. Selbst der US-Präsident kommuniziert gern über Twitter. Die Überbewertung des „Impacts" von Meinungen führt zu Manifestationen des Populismus.

Das Erstarken des Populismus in allen Schattierungen ist in der Tat eine Begleiterscheinung der weiblich werdenden Welt. Sowohl in der Methodik als auch in der Programmatik der beteiligten Parteien lassen sich weibliche Züge identifizieren (Liegener, 2017b). Populismus ist daher eine naturgemäße kollektivpsychologische Entwicklung unserer Zeit. Interessanterweise lassen sich auch die Reaktionen der Gesellschaft auf den Populismus kollektivpsychologisch erklären (Liegener, 2017b). Damit ergibt sich das Problem, dass eine Bewertung des Populismus durch Mitglieder des Kollektivs der Menschheit fast immer vorbelastet sein muss. Man muss indes den Populismus gar nicht bewerten; man muss lediglich lernen, mit ihm umzugehen.

Das existenzielle Schuldbewusstsein der Menschheit, entstanden aus der ödipalen Verstrickung des Muttersohnes, wird sich mit der Transgenderisierung der Menschheit zur Muttertochter auflösen (Liegener, 2015, 2017a, 2017b). Die Tochter weist keinen Ödipus-Komplex auf. Das existenzielle Schuldbewusstsein verschwindet. Kollektive Schuld wird verdrängt, ein Vorgang, der heute schon zu beobachten ist (mal positiv: Abschaffung der Sippenhaft in der Rechtsprechung; mal negativ: Ignorieren der kollektiven Schuld Deutschlands durch Populisten).

Ein erster Erfolg der Transgenderisierung der Menschheit war das Ende des Kalten Krieges. Jenes Ende war das Ergebnis einer schrittweisen Deeskalation, die wiederum nach dem Prinzip des „gutmütigen Tit for Tat" funktionierte (Axelrod, 2009), einer Strategie, die im Grunde auf eine gemäßigte Gegenseitigkeit setzt. Schon diese Strategie kann als weiblich angesehen werden.

Gegenseitigkeit ist nämlich weiblich. In männlichen Hackordnungen hackt der Gehackte nicht zurück. In weiblichen Netzwerken hingegen wird dem jeweils anderen das Prinzip der Gegenseitigkeit signalisiert. Weibliche Verhaltensweisen haben also den Kalten Krieg beendet.

Eine weitere Begleiterscheinung der weiblich werdenden Welt ist, wie zu zeigen sein wird, der Verlust des Jenseits.

Das Jenseits im Monotheismus

Die Säuglingsphase der Menschheit wurde von der Urmutter geprägt. Die Urmutter oder Große Mutter wurde als Gottheit verehrt. Als Personifizierung der allmächtig erscheinenden Natur war sie lange Zeit einzige übernatürliche Bezugsperson der Menschheit. Im Zuge der Auseinandersetzung mit der Natur wurden später einzelne Aspekte der Natur verschiedenen Gottheiten zugeordnet. Formen des Polytheismus entstanden.

Als die Menschheit zum Muttersohn gereift war, entwickelte sie wie jeder Muttersohn eine Vatersehnsucht. Daraus entstand schließlich die Verehrung eines väterlichen Gottes. Aus der ödipalen Natur der Vater-Sohn-Beziehung folgte, dass die Menschheit dem göttlichen Vater nie so nahe stand wie der Mutter. Den Vater fürchtete die Menschheit, die Mutter aber liebte der Muttersohn. Gern bat er die Mutter um Fürsprache beim Vater. Im „Ave Maria" heißt es: „… bitte für uns Sünder!"

Mit dem altägyptischen Aton-Kult wurde von Pharao Amenophis IV. (Echnaton) ein erster Versuch gestartet, einen Monotheismus einzuführen. Der Versuch scheiterte. Aton war zwar ein Schöpfergott, wurde aber als „Prinzip der Sonne" gedacht, noch nicht als personifizierter Vater. Die nachhaltigste Manifestation der monotheistischen Verehrung eines väterlichen Gottes dürfte die der jüdisch-christlichen Tradition sein.[1] Der Gott jener Tradition galt und gilt als Schöpfer der Welt und durfte seit jeher von den Menschen als „Vater" bezeichnet werden.

Die Vorstellungen von dem, was nach dem Tod geschehen soll, sind in der jüdisch-christlichen Tradition umstritten. Es gibt die Auffassung, dass die Menschen mit dem Tod gänzlich sterben, aber später (beim Jüngsten

---

[1] Man kann die Hypothese einer objektiven persönlichen höheren Macht aufstellen, die sich den Menschen in der ihnen adäquaten Weise als Vaterfigur offenbart hat.

Gericht) wieder auferstehen werden (Joh. 5 28-29):

„Die Stunde kommt, in der alle, die in den Gräbern sind, seine Stimme hören und herauskommen werden: Die das Gute getan haben, werden zum Leben auferstehen, die das Böse getan haben, zum Gericht."

Daneben existiert aber auch der Glaube an eine unsterbliche Seele, die nach dem körperlichen Tod fortbesteht und später einen neuen Körper erhält. Für die Seele gibt es keinen Tod (Joh. 10, 28):

„Und ich gebe ihnen das ewige Leben, und sie werden nimmermehr umkommen, und niemand wird sie aus meiner Hand reißen."

Aus christlicher Sicht ist die Teilhabe am ewigen Leben vom Glauben an Jesus abhängig (1. Joh. 5, 11-12):

„Und das ist das Zeugnis, dass uns Gott das ewige Leben gegeben hat, und dieses Leben ist in seinem Sohn. Wer den Sohn hat, der hat das Leben; wer den Sohn Gottes nicht hat, der hat das Leben nicht."

Die Nichtgläubigen und jene, die gefrevelt haben, werden entweder nicht wiedererweckt oder einer ewigen Pein unterworfen – an einem Ort, der im Volksmund Hölle genannt wird (Mt. 25, 46):

„Und sie werden in die ewige Pein gehen, aber die Gerechten in das ewige Leben."

Die Vorstellungen von der Hölle sind untrennbar mit den Jenseitsvorstellungen verbunden und entwickelten sich parallel zu diesen (Vorgrimler, 1993, Minois, 2000). Das Jenseits umfasst Himmel und Hölle. Auch die Vorstellungen, ob Menschen überhaupt „in die Hölle" kommen können, haben begonnen, sich zu wandeln.

Das Jenseits wäre in der jüdisch-christlichen Tradition die Welt nach dem Jüngsten Gericht. Man stellt sich diese Welt als eine idealisierte Version der heutigen Welt vor, eine Neuauflage des Paradieses.

Hinzu kommt beim ewigen Leben die volle Erkenntnis Gottes (Joh. 17, 3):

„Das ist aber das ewige Leben, dass sie dich, der du allein wahrer Gott bist, und den du gesandt hast, Jesus Christus, erkennen."

Diese Aussage kann allerdings auch so interpretiert werden, dass das ewige Leben lediglich ein Eingehen in Gott darstellt, wobei die Individualität verloren gehen könnte. Die Rolle Gottes im Jenseits kann natürlich auch die eines gütigen Vaters im Garten Eden sein. Hier sind viele Spekulationsmöglichkeiten gegeben.

Auch im Islam tritt mit dem Tod ein schlafähnlicher Zustand ein, der bis zum Tag des Gerichts dauert (Sure 30,56):

„Ihr habt vielmehr so lange Zeit, als von vornherein in der Schrift Allahs festgelegt war von eurem Tod bis zum Tag der Auferweckung im Grab verweilt."

Ausgenommen sind Märtyrer, die sofort mit ihrem Tod ins Paradies eingehen (Sure 2, 154):

„Und sagt nicht von denen, die um der Sache Allahs willen getötet werden, sie seien tot. Sie sind vielmehr lebendig im Jenseits."

Wer hier gemeint ist, wird schnell klar (Sure 47, 4-6):

„Wenn ihr auf einem Feldzug mit den Ungläubigen zusammentrefft, dann haut ihnen mit dem Schwert auf den Nacken! Wenn ihr sie schließlich vollständig niedergekämpft habt, dann legt sie in Fesseln, um sie später entweder auf dem Gnadenweg oder gegen Lösegeld freizugeben! Haut mit dem Schwert drein, bis der Krieg euch von seinen Lasten befreit und vom Frieden abgelöst wird! Dies ist der Wortlaut der Offenbarung. Wenn Allah wollte, würde er sich selber gegen sie helfen. Aber er möchte nicht unmittelbar eingreifen, vielmehr die einen von euch, die gläubig sind, durch die anderen, die ungläubig sind, auf die Probe stellen. Und denen, die um Allahs willen getötet werden, wird er ihre Werke nicht fehlgehen lassen, so dass sie damit nicht zum Ziel kommen würden. Er wird sie rechtleiten, alles für sie in Ordnung bringen und sie ins Paradies eingehen lassen, das er ihnen zu erkennen gegeben hat."

Ähnlich wurden die Kreuzritter im Mittelalter motiviert (Mk. 8, 35):

„Denn wer sein Leben behalten will, der wird's verlieren; und wer sein Leben verliert um meinetwillen und um des Evangeliums willen, der wird's behalten."

Offenbar fordern Jenseitsvorstellungen zuweilen einen Blutzoll. Das gilt naturgemäß nur für die ganz spezifischen Jenseitsvorstellungen, die heute seltener werden.

Der Verlust des Jenseits

Wie kommt es dazu, dass das Jenseits in einer weiblich werdenden Welt seine Wichtigkeit einbüßt?

Gendertypische Verhaltensweisen sind die Ursache. In ihrem Verhalten sind Männer lösungsorientiert, Frauen vorgangsorientiert (Pease & Pease, 2002, S. 195). Übertragen auf das Kollektiv der Menschheit bedeutet das, dass sich die Gesellschaft nach der Transgenderisierung nicht mehr auf das ultimative Ziel konzentriert, nämlich das Erreichen des Jenseits. Vielmehr richten die Menschen ihr Verhalten an Normen aus, strukturieren die Zeit, leben das Leben um seiner selbst willen.

Ein Blick auf die Vergangenheit möge gestattet sein. Die eigene Seligkeit zum Lebensziel zu machen, entsprach dem Narzissmus des Muttersohnes und prägte die Muttersohnphase der

Menschheit. Im Mittelalter wurde das Jenseits um jeden Preis erstrebt. Man wollte sich einen Platz dort sichern. Gut verhielt man sich nicht, um gut zu sein, sondern des ewigen Lohns wegen. Das kulminierte darin, dass der Lohn, wenn er nicht verdient werden konnte, einfach erschachert wurde. Der Ablasshandel zeugte davon. Man konzentrierte sich auf seine Beziehung zu Gott statt auf seine Rolle im Leben. Lang spricht vom theozentrischen Himmel der Scholastik (Lang, 2003, S. 62).

Das ganze irdische Leben diente nur dazu, einen Platz im Jenseits zu erlangen. Im „Exsultet" aus dem vierten oder fünften Jahrhundert heißt es:

„Nihil enim nobis nasci profuit, nisi redimi profuisset. – Wahrhaftig, umsonst wären wir geboren, hätte uns nicht der Erlöser gerettet. (Wörtlich: Nichts nämlich hätte es uns genutzt, geboren zu werden, wenn es nicht dazu genutzt hätte, erlöst zu werden.)"

Der Narzissmus des Muttersohnes ging so weit, dass in der Scholastik nur der einzelne

Mensch in seiner Beziehung zu Gott gesehen wurde: „Unde si esset una sola anima fruens Deo, beata esset, non habens proximum quem diligeret. – Daher gilt: Wenn es nur eine einzige Seele gäbe, die Gottes teilhaftig würde, wäre sie glücklich, obwohl sie keinen Nächsten hätte, den sie lieben könnte." (Thomas von Aquin, Summa Theologiae, prima secundae pars, quaestio IV, articulus VIII, ad tertium).

Meister Eckhart kritisierte die narzisstische Jenseitsvorstellung bereits im Spätmittelalter (Vorländer, 2011, S.285):

„Tugendhaftes Handeln war für Eckhart also ein Wirkenlassen des Göttlichen in sich selbst, ein zweckloses Handeln. Selbst das ewige Leben und die ewige Seligkeit, die hier schon ihren Anfang nahmen, waren keine berechtigten Zwecke."

Allerdings war es für diese Kritik damals noch zu früh. Meister Eckhart wurde zu seiner Zeit wegen Häresie angeklagt und post mortem verurteilt.

In der Muttersohnphase war der Blick aufs Jenseits allgegenwärtig. Er wurde von den Herrschenden und der Kirche instrumentalisiert, um die Menschen in Angst zu halten (Vorgrimler, 1993).

Die Gegenposition, der man sich heute zuwendet, ist eine Diesseitsorientierung. Man versucht, das irdische Leben gut zu gestalten. Einen Entwurf hat John Lennon mit „Imagine" gewagt:

„Imagine there's no heaven
It's easy if you try
No hell below us
Above us only sky
Imagine all the people
Living for today"

Dieser Entwurf skizzierte eine Möglichkeit, ohne Jenseitsvorstellungen zu leben. Im Allgemeinen wird jedoch in der weiblichen Welt das Jenseits nicht unbedingt geleugnet. Man verzichtet lediglich darauf, dauernd daran zu denken. Man instrumentalisiert es nicht und muss auch nicht darüber spekulieren. Stattdessen lebt man im Jetzt. Man beachtet dabei Normen des Zusammenlebens, die sich in einer demokratischen Gesellschaft frei entwickeln können. Während das Jenseits als Ziel seinerzeit von den kirchlichen Autoritäten vorgegeben wurde, kann sich die weibliche Welt frei entfalten.

Interessanterweise gab es in der Menschheitsgeschichte bereits vor der jetzigen Transgenderisierung Phasen, in denen sie noch nicht muttersohnartig ausgeprägt war. Wenn die obige Hypothese von der Diesseitsorientierung der nicht-männlichen Welt zutrifft, sollte eine Diesseitsorientierung auch in jenen Phasen schon zu identifizieren sein.

Die frühkindliche Phase der Menschheit war geprägt von Naturreligionen. In der noch nicht zum Mann gereiften Gesellschaft jener Zeit glaubte man an irdisch zugängliche Stellen, an denen die Toten hausen. Es war in dem Sinne kein echtes Jenseits. Das echte Jenseits mit seiner diesseitsbestimmenden Funktion ist erst eine Schöpfung der Muttersohnphase der Menschheit.

Es gibt noch eine weitere Phase in der früheren Menschheitsgeschichte, die nicht männlich geprägt war: die griechische Antike. Die dort gepflegte Homosexualität hatte die Gesellschaft geprägt und ihr teils weibliche Züge verliehen (Liegener, 2017a). Die Erklärung für diese frühe Weiblichkeit der Menschheit: Homosexualität lässt auch weibliche Züge zu. Die Homosexualität jener Kultur wiederum war eine Erscheinung der Phase der Adoleszenz in der Entwicklung der Menschheit. Aus der Psychologie der Individuen ist bekannt, dass es bei der Adoleszenz des Mannes zu einer homosexuellen Phase kommen kann, selbst wenn der erwachsene Mann später heterosexuell eingestellt ist (Remafedi, 1992). Gleiches könnte sich bei der Entwicklung der Menschheit zum Muttersohn ereignet haben.

Wie ist es nun mit der Diesseitsorientierung bei den Griechen der Antike? Tatsächlich wiesen die Jenseitsvorstellungen auch bei ihnen diesseitige Züge auf. Die Totenwelt der griechischen Antike war kein echtes Jenseits. Der Hades befand sich auf dieser Welt. Er wurde zwar vom Riesenhund Kerberos bewacht; aber dieser war nicht unüberwindbar. So war es möglich, dass lebende Menschen der Sage nach dort ein- und ausgehen konnten (Orpheus, Herakles, Odysseus, Theseus, Peirithoos).

Der Mensch der griechischen Antike siedelte nicht nur das Totenreich im Diesseits an, er sah es auch nicht als erstrebenswertes Ziel an. Das betonte Rudolf Steiner. Über den Griechen der Antike sagt er (Steiner, 2000, S.246): „Das Verständnis für die geistige Welt ist ihm verlorengegangen. Tief zeigt dieses der Ausspruch des griechischen Helden Achilles: ‚Lieber ein Bettler in der Oberwelt als ein König im Reich der Schatten.'"

Die Diesseitsorientierung der Griechen in der Antike zeigt sich weiterhin im charakteristischen Ideal der „Kalokagathia", dem Wunsch „schön und gut zu sein" (in dieser Reihenfolge!). Der irdische Körper wird nicht als unwichtige, vorübergehende Hülle angesehen, sondern als integraler Bestandteil des Menschen, untrennbar mit seinem Wesen verbunden.

Geradezu modern mutet die Einstellung der antiken Griechen zur Seele und zum ewigen Leben an. Egon Friedell schreibt dazu (Friedell, 1971, S. 82):

„Über das Wesen der Seele und ihr Fortleben nach dem Tode dachten die Griechen sehr widerspruchsvoll, und ihre Ansichten in ein System bringen zu wollen, wäre schon deshalb ein müßiges Beginnen, weil sie in diesen Fragen gar keine Klarheit haben *wollten*."

Sie *wollten* es nicht wissen! Sie nahmen diese Fragen nicht so wichtig.

Die Kultur des antiken Griechenland war diesseitsorientiert.

Zu dieser Einstellung kehrt man heute zurück. Man verzichtet auf eine konkrete Ausmalung des Jenseits und macht sich mit Kant die Grenzen der menschlichen Erkenntnis bewusst (Lang, 2003, S. 101): „Seit dem 18. Jahrhundert zerfällt der zumindest für die westeuropäische Gesellschaft charakteristische christliche Grundkonsens. Viele, die das neuzeitliche Welt- und Menschenbild als das ihre anerkennen, lehnen den traditionellen Jenseitsglauben ab."

Die Diesseitsorientierung äußert sich außerdem darin, dass man versucht, aus diesseitigen Erlebnissen, z.B. Nahtoderfahrungen, auf das Jenseits zu schließen (Moody, 1977). Dazu befragt man Patienten, die für eine gewisse Zeit für tot gehalten wurden, dann aber wieder erwachten. Ihre Erzählungen weisen einige interessante Gemeinsamkeiten auf (Licht am Ende des Tunnels, Levitation usw.). Die Berichte geben Einblick in die Natur des Sterbevorgangs. Es sieht tatsächlich so aus, als ob uns der Sterbevorgang von der Natur erleichtert würde. Das scheint fast eine Art von Gnade zu sein. Aber wer sollte sie uns gewähren? Eine Erklärung dafür in der Evolution zu finden, fällt schwer. Schließlich nimmt der Verstorbene nicht mehr am Selektionsprozess teil. Denkbar wäre jedoch, dass die Evolution Strategien für das Überleben in Grenzsituationen entwickelt hat, die im Sterbevorgang zum Tragen kommen.

Bekannt ist, dass bei längerer Hypothermie Endorphine ausgeschüttet werden – man fühlt sich trotz der Kälte wohl und wird lethargisch. Die Evolution hat diesen Mechanismus entwickelt, um ein Durchhalten des erfrierenden Menschen zu erleichtern, bis Hilfe kommt. Zufällig entsteht auf diese Weise der für den Menschen angenehme Nebeneffekt, dass der Erfrierungstod, wenn er denn doch eintritt, deutlich erleichtert wird.

Die Natur wählt in manchen Stresssituationen eine Resignation als letzten Ausweg. Tiere schalten in ausweglosen Situationen von blindem Aktionismus auf Passivität um. Sie verfallen in eine Schreckstarre und stellen sich tot. Hauptsächlich tritt das in lebensbedrohlichen Situationen auf, aber Tiere greifen auch in anderen unangenehmen Situationen darauf zurück. So stellen sich weibliche Libellen tot, um sich allzu zudringlicher männlicher Artgenossen zu erwehren (Khelifa, 2017).

Die Standardsituation im Tierreich ist jedoch der Angriff durch Fressfeinde. Diese sollen durch die Schreckstarre verwirrt werden. die Fressfeinde. Als ein weiterer Vorteil der Schreckstarre kommt hinzu, dass die Tiere auf diese Weise länger durchhalten können, und sei es nur, um auf eine realistische Chance zur Rettung zu warten.

Ist die Strategie optimal? Jeder kennt Äsops Fabel vom Frosch im Milchkrug, der im Kampf gegen das Ertrinken so lange strampelt, bis die Milch zu Butter wird. Auch Aktionismus kann eine Option sein. Der Erfolg der verschiedenen Strategien lässt sich nicht vorhersagen. Statistisch scheint die Resignation die erfolgreichere zu sein, wie die Evolution beweist.

Die Resignation in aussichtslosen Situationen ähnelt der Situation bei der Transgenderisierung der Menschheit: Der Wechsel von Aktivität zu Passivität entspricht dem Wechsel von männlichem zu weiblichem Verhalten. Das färbt wiederum auf die Individuen ab. In unserer Zeit wird ein ähnlicher Wechsel des Verhaltens beim Individuum für sinnvoll gehalten (Schweitzer, 1995):

„Wahre Resignation besteht darin, dass der Mensch in seinem Unterworfensein unter das

Weltgeschehen zur innerlichen Freiheit von den Schicksalen, die das Äußere seines Daseins ausmachen, hindurchdringt. Innerliche Freiheit will heißen, dass er die Kraft findet, mit allem Schweren in der Art fertig zu werden, dass er dadurch vertieft, verinnerlicht, geläutert, still und friedvoll wird. Resignation ist also die geistige und ethische Bejahung des eigenen Daseins. Nur der Mensch, der durch Resignation hindurchgegangen ist, ist der Weltbejahung fähig."

Die Annahme, man könne aus Untersuchungen von Nahtoderfahrungen Erkenntnisse über das Jenseits gewinnen, zeigt, dass heute wieder – wie im antiken Griechenland – die Neigung besteht, das Jenseits für zugänglich zu halten, d.h. die Grenzen zum Diesseits als durchlässig anzunehmen. Auch dies ist ein Zeichen für die Diesseitsorientierung unserer Zeit.

Es gibt noch einen weiteren Hinweis auf die Diesseitsorientierung der Gegenwart: die Parallelen der Kalokagathia zur gegenwärtigen Aufwertung des Körperlichen. Man versucht in der heutigen Zeit immer öfter, sich zu stylen, Charakterzüge vorteilhaft zur Geltung zu bringen, unterzieht sich kosmetischen Operationen. Äußerlichkeiten, früher verachtet, spielen wieder eine Rolle. „Schein statt Sein" wird zwar gern beklagt, setzt sich aber immer mehr durch. Das Diesseits wird zur Hauptsache.

Das klingt bedauernswert, aber es gibt auch positive Aspekte: Die Frau ist im Gegensatz zum narzisstischen Muttersohn in der Lage, sich selbst zu verschenken, ohne Berechnung, ohne Gegenleistung. In diese Richtung wird sich der Schwerpunkt der Suche nach einem Sinn des Lebens in der weiblich werdenden Welt verschieben.

Der Verlust des Jenseits ist also nicht neu. In den Entwicklungsphasen der Menschheit, in denen sie nicht muttersohnartig war, trat er bereits auf: in der frühkindlichen Phase und in der Phase der Adoleszenz. Nun, in der Transgenderisierung der Menschheit, erleben wir eine Renaissance dieses Phänomens.

Es ist gleichzeitig Ausdruck des Alterungsprozesses der Menschheit. Ganz analog zum Individuum sah die junge Menschheit ihre Zukunft vor sich, konnte sich ein Ende nicht vorstellen und glaubte an ein ewiges Leben. Die alternde Menschheit kann indes auf ein reiches Leben zurückblicken. Sie weiß um ihr nahendes Ende und kann es akzeptieren. Für ihr Leben ist sie dankbar und vertraut darauf, dass alles seinen geordneten Gang geht. Das Versprechen eines Jenseits fordert sie nicht ein. Das hielte sie für anmaßend. Es wäre nicht der richtige Dank für das gewährte Leben: mehr zu wollen. Die weibliche Menschheit hält das Jenseits für eine Möglichkeit unter vielen, die sie nicht kennt. Sie lässt sich überraschen. Wenn sie außer dem irdischen Leben noch etwas geschenkt bekommen sollte, wäre sie auch dafür dankbar.

Mit dem Bedeutungsverlust des Jenseits schwindet der Einfluss der Kirchen. Sie werden sich der weiblichen Welt anpassen und zu losen Verbänden von Gläubigen werden. Den zwingenden Einfluss, den Hierarchien ausüben können, werden sie einbüßen.

Der spezifische Glaube weicht einem diffusen, gefühlsmäßigen Glauben. Das Glaubensbekenntnis schweißte in der Männerwelt die Gemeinschaft der Gläubigen zusammen. Männer müssen Flagge zeigen. Insbesondere legte man sich im Apostolischen Glaubensbekenntnis auf die Existenz des Jenseits fest: „Ich glaube an den Heiligen Geist, die heilige katholische Kirche, die Gemeinschaft der Heiligen, Vergebung der   Sünden, Auferstehung der Toten und das ewige Leben."

Die durch dieses Glaubensbekenntnis definierten festen Glaubensgemeinschaften lösen sich in der weiblich werdenden Welt langsam zugunsten loser Gruppierungen auf. Frauen finden sich leicht zu Grüppchen zusammen, plauschen hier, plaudern da, und sind auch ohne weiteres einmal bereit, die Gruppe zu wechseln. Der Verzicht auf ein formelhaftes Glaubensbekenntnis bedeutet nicht einen Mangel an

Religiosität. Es ist eine andere, freiere Art von Religiosität, die in der weiblichen Welt gelebt wird.

Die philosophische Abkehr vom Jenseits

Die weiblich werdende Welt startete einen ersten Anlauf zur Abkehr vom Jenseits mit dem Erstarken des Pantheismus. Vorläufer des Pantheismus waren Plotin, Nicolaus Cusanus und Giordano Bruno. Im 17. Jahrhundert leitete Spinoza mit seiner Philosophie eine Verweltlichung Gottes gleichzeitig mit einer Vergöttlichung der Welt ein. Für ihn war Gott der Natur immanent („deus sive natura") und der menschliche Geist Teil der göttlichen Natur. Damit war auch der Mensch Teil Gottes. Sein Tod am Ende seines Lebens änderte nur seinen Zustand als Teil jenes göttlichen ewigen Ganzen. Somit starb nur das Individuum, das Ganze hatte Bestand. Der Begriff der Seele ebenso wie der des Jenseits wurden in dieser Philosophie überflüssig.

Heute, wo das Raum-Zeit-Kontinuum als eine Einheit verstanden wird, fällt das Urteil über das Ende des Individuums nicht mehr so hart aus – selbst im Pantheismus. Da die Vergangenheit nicht verloren geht, ist auch das Individuum auf eine schwer zu verstehende Art konserviert. Einstein hat diesen Gedanken 1955 in einem Beileidsbrief zum Ausdruck gebracht:

„Für uns gläubige Physiker hat die Scheidung zwischen Vergangenheit, Gegenwart und Zukunft nur die Bedeutung einer, wenn auch hartnäckigen, Illusion."

In der Mitte des 19. Jahrhunderts entbrannte der Materialismusstreit, eine Folge der Fortschritte in den Naturwissenschaften. Der Anspruch der Materialisten, den Menschen vollständig durch naturwissenschaftliche Aussagen erklären zu können stieß auf Ablehnung der vom Idealismus geprägten Philosophen und der Theologen.

Gegenwind kam vor allem vom Neukantianismus. Es wurde im Anklang an die Kritik der reinen Vernunft argumentiert, dass die empirische Forschung, die dem Materialismus zugrunde lag, sich auf Erfahrungen berufe, die durch die Kategorien des menschlichen Verstandes bereits eingeschränkt seien. Die Kategorien stellten die Bedingungen möglicher Erfahrung dar. Uneingeschränkte Erkenntnis sei nicht möglich. Begriffe wie „Seele" oder „Gott" könnten daher nie Gegenstand naturwissenschaftlicher Forschung sein.

Die Philosophie auf der anderen Seite kann solche Begriffe untersuchen. Der Neukantianismus belebte den Glauben an die individuelle unsterbliche (unendliche) Seele, in Anklang an Kants Worte (Kritik der praktischen Vernunft, Kap.34):

„Zwei Dinge erfüllen das Gemüt mit immer neuer und zunehmender Bewunderung und Ehrfurcht, je öfter und anhaltender sich das Nachdenken damit beschäftigt: *Der bestirnte Himmel über mir, und das moralische Gesetz in mir.* Beide darf ich nicht als in Dunkelheiten verhüllt, oder im Überschwänglichen, außer meinem Gesichtskreise, suchen und bloß vermuten; ich sehe sie vor mir und verknüpfe sie unmittelbar mit dem Bewusstsein meiner Existenz. Das erste fängt von dem Platze an, den ich in der äußern Sinnenwelt einnehme, und erweitert die Verknüpfung, darin ich stehe, ins Unabsehlich-Große mit Welten über Welten und Systemen von Systemen, überdem noch in grenzenlose Zeiten ihrer periodischen Bewegung, deren Anfang und Fortdauer. Das zweite fängt von meinem unsichtbaren Selbst, meiner Persönlichkeit, an, und stellt mich in einer Welt dar, die wahre Unendlichkeit hat, aber nur dem Verstande spürbar ist, und mit welcher (dadurch aber auch zugleich mit allen jenen sichtbaren Welten) ich mich, nicht wie dort, in bloß zufälliger, sondern allgemeiner und notwendiger Verknüpfung erkenne."

Für Kant und seine Anhänger geht die Gewissheit des ewigen Lebens mit der Unwissenheit einher, wie jenes ewige Leben aussehen sollte. Die menschliche Vorstellungskraft reicht ihrer Natur nach für diese Erkenntnis nicht aus. Man weiß nicht einmal, ob die Benennung als Jenseits etwas Richtiges trifft, erst recht nicht, wie jenes Jenseits, wenn es denn existierte, beschaffen sein könnte.

Alle diese Strömungen stimmen darin überein, sich jeglicher Versprechungen über ein Jenseits zu enthalten.

Man akzeptiert, dass, was auch immer „nach dem Tod" sein sollte, sich nicht mit unserem Leben auf der Erde vergleichen lässt (Rahner, 2006):

„Mir will scheinen, dass die Vorstellungsschemen, mit denen man sich das Ewige Leben zu verdeutlichen sucht, meist wenig zur radikalen Zäsur passen, die doch mit dem Tod gegeben ist. Man denkt sich das Ewige Leben, das man schon seltsam als »jenseitig« und »nach« dem Tod weitergehend bezeichnet, zu sehr ausstaffiert mit Wirklichkeiten, die uns hier vertraut sind, als Weiterleben, als Begegnung mit denen, die uns hier nahe waren, als Freude und Friede, als Gastmahl und Jubel und all das und ähnliches, als nie aufhörend und weitergehend."

Spekulationen über ein Jenseits können auf diese Weise nicht angestellt werden, bestenfalls theologische Diskussionen geführt werden. Sie befriedigen den heutigen Menschen nicht mehr. Der Mensch in der weiblich-werdenden Welt hat eine neue Denkweise entwickelt.

Das Denken der weiblich werdenden Welt äußert sich in Strömungen wie denen des Holismus und des Positivismus. Holismus macht keine Aussage über Gott; die Welt wird von uns als ein Ganzes erfahren, wir können nur einzelne Aspekte analysieren, nie das Ganze erkennen, von dem wir ein Teil sind. Wie weit Gott und „das Ganze" zusammenhängen, bleibt offen.

Ähnlich wird es im Positivismus gesehen. Nur die Fakten sollen beschrieben werden, wobei die einfachste Interpretationsmöglichkeit gewählt werden soll (Ockham's Razor). Diese Einstellung liegt im Wesentlichen den modernen Naturwissenschaften zugrunde. Die Quantenmechanik hat uns gelehrt, dass wir die physikalische Welt nicht objektiv erkennen können. Holismus und Positivismus führen uns zu der Erkenntnis, dass auch Gott und das Jenseits unserer Erkenntnis nicht zugänglich sind.

Wie in der Quantenmechanik können wir Fragen stellen und Antworten erhalten. Diese Antworten müssen jedoch nicht miteinander kompatibel sein. Sie erlauben uns nicht, auf ein

dahinterstehendes absolutes Objekt zu schließen.

Im Gegensatz zum Orwellschen „Doub-
lethink" führt hierbei die Koexistenz von miteinander inkompatiblen Aussagen nicht zu einer
kognitiven Dissonanz. Ausgangspunkt der inkompatiblen Antworten sind in der Wissen-
schaft unterschiedliche Fragestellungen. In einer holistischen Weltsicht sind die Antworten
von den Fragen abhängig.

Damit wird auch die Haltung zum Jenseits in
einer weiblich werdenden Welt klar. Man verzichtet darauf, absolutes Wissen zu erlangen,
begnügt sich mit Verhaltensregeln.

Die Einstellung, dass eine vollständige Erkenntnis göttlicher und jenseitiger Realitäten
nicht für möglich gehalten wird, entspricht einem gemäßigten Agnostizismus. Man stellt
durchaus einzelne Fragen und erhält einzelne
Antworten, nur eben kein vollständiges Bild.
Einzelne Antworten können dem Menschen je-

doch nützlich sein, um über sein Verhalten zu entscheiden.

Das Fragen wird bleiben. Selbst wenn sich die erhaltenen Antworten als widersprüchlich erweisen, so bedeutet die Möglichkeit, sie zu erhalten, immerhin doch, dass etwas Antwortendes auf etwas Fragendes reagiert.

Fragendes und Antwortendes, Subjekt und Objekt, lassen sich in diesem Fall nicht trennen, wie schon Kant und Jaspers betont haben. Wenn das Subjekt ein Objekt zu erkennen versucht, fließt in diesen Versuch stets unsere subjektive Erkenntnisstruktur ein und beeinflusst das Ergebnis, so dass wir nur subjektabhängige Objekte betrachten, was sich in der Quantenmechanik des Messprozesses widerspiegelt. Umgekehrt setzt ein Objekt ein betrachtendes Subjekt voraus (Berkeley, Schopenhauer), auch dies ein aus der Quantenmechanik geläufiger Sachverhalt, der sogar für einen der vielen vergeblichen Versuche eines Gottesbeweises benutzt worden ist (die Welt kann nur existieren, wenn es einen außerweltlichen betrachtenden Gott gibt).

Da in der männlichen Welt das Handeln auf ein Ziel gerichtet zu sein hatte, spielte das Jenseits in der Ethik eine wichtige Rolle. Im Lauf der Jahrhunderte verschob sich jedoch der Schwerpunkt von teleologischen zu deontologischen Ethiken, d.h. von zielorientierten zu normorientierten Ethiken. Handlungen sollen in den neuen Ethiken vor allem gewisse gesellschaftliche Normen erfüllen.

Auch durch diese Entwicklung wird die Rolle des Jenseits geschwächt. Wenn man moralisch gut oder schlecht handeln kann, ohne ein Jenseits zu postulieren, mit anderen Worten, die Ethik jenseitsunabhängig wird, kann man in dieser Hinsicht auf den Begriff des Jenseits verzichten.

Braucht man überhaupt noch eine Ethik? Frauen wissen meist ohnehin, was zu tun ist; sie haben ein Gespür dafür, sie brauchen keine Ethik. In der Männerwelt brauchte man sie. Männer wollen ihre Handlungen gern theoretisch begründen. Dazu der Verhaltenskodex der Ethik. Das Problem: Menschen machen Fehler. Errare humanum est. Andererseits können sich

Männer Fehler viel schwerer eingestehen als Frauen. Der Muttersohn duldet keine Fehler – weder bei anderen, noch bei sich selbst. Als Narziss kann er mit eigenen Fehlern noch schwerer umgehen als mit denen anderer. Die in der Muttersohnphase kultivierten Ethiken waren letztlich zum Scheitern verurteilt.

In der weiblich werdenden Welt werden Fehler sachlicher gesehen. Es geht eher darum, sie zu korrigieren, als sie zu brandmarken.

Damit entfällt eine weitere der Aufgaben des Jenseits, nämlich Ungerechtigkeiten des irdischen Lebens auszugleichen (Mt 19, 30):

„Viele aber, die jetzt die Ersten sind, werden dann die Letzten sein, und die Letzten werden die Ersten sein."

Aufgrund der höheren Fehlertoleranz in der weiblichen Welt können diese Erwartungen heruntergeschraubt werden. Man ist bereit zu vergeben.

Die Vorstellung einer allumfassenden Vergebung der Sünden ist tatsächlich ein Zeichen einer weiblichen Kultur. Sie wird als Allversöhnungslehre bezeichnet. Die Allversöhnungslehre (Apokatastasis) wurde schon von Paulus aufgebracht (Röm. 11, 32):

„Denn Gott hat alle eingeschlossen in den Ungehorsam, damit er sich aller erbarme."

Ausgearbeitet wurde die Lehre von Clemens von Alexandria und Origines, die noch von der altgriechischen Kultur beeinflusst waren, einer Kultur, die weibliche Züge trug (Liegener, 2017a). Später setzte sich jedoch die Erbsündenlehre des Augustinus durch und die Apokatastasis wurde in der Synode von Konstantinopel (343 n.Chr.) und dem Zweiten Konzil von Konstantinopel (353 n. Chr.) zur Häresie erklärt. Im muttersohngeprägten Mittelalter glaubte man fest an eine Bestrafung der Sünden. Erst in der Aufklärung wurde die Allversöhnungslehre durch die Pietisten wiederbelebt. Heute ist sie, unter anderem durch die Wirkung Friedrich Schleiermachers, wieder populär. Man kann also konstatieren, dass diese Lehre mit der Weiblichkeit der Welt korreliert.

Wenn Fehler verziehen werden können, müssen sie nicht im Jenseits aufgerechnet werden. Damit entfällt in der weiblich werdenden Welt diese Motivation, auf das Jenseits zu spekulieren.

Gebete

Über die Jenseitsvorstellungen der jeweiligen Zeit verraten die gebräuchlichen Gebete viel. Ein Beispiel ist das bekannte (mündlich überlieferte) Kindergebet:

„Lieber Gott, mach mich fromm,

dass ich in den Himmel komm."

Dies kleine Gebet steht an der Grenze des Zeitenwandels. Es ist nicht nur Zeugnis des Glaubens an ein Jenseits, sondern auch Ausdruck der lutherischen Rechtfertigungslehre.

Diese Lehre, zentral im lutherischen Glauben, besagt, dass sich der Mensch seinen Platz im Jenseits nicht durch gute Taten verdienen kann, sondern dafür ausschließlich auf Gottes Gnade angewiesen ist (sola gratia). Man bezieht sich auf Römer 3, 22-24:

„Ich rede aber von der Gerechtigkeit vor Gott, die da kommt durch den Glauben an Jesus

Christus zu allen, die glauben. Denn es ist hier kein Unterschied: Sie sind allesamt Sünder und ermangeln des Ruhmes, den sie vor Gott haben sollen, und werden ohne Verdienst gerecht aus seiner Gnade durch die Erlösung, die durch Christus Jesus geschehen ist."

Ein Zeichen der weiblich werdenden Welt ist in dieser Lehre zu erkennen: die Bescheidenheit, die Einsicht, dass der Mensch nichts ist ohne Gottes Hilfe. Ein Relikt der männlichen Vergangenheit ist auf der anderen Seite das Einfordern des Glaubens.

In der männlichen Welt betete man aus zwei Gründen. Zum einen, um etwas zu wünschen, wie im obigen Beispiel das ewige Leben oder einfach nur Gesundheit oder Erfolg, sei es für sich selbst, sei es für andere. Da in der männlichen Welt alles analysiert werden musste, wurde die Wirksamkeit solcher gebetsmäßigen Fürbitten für andere sogar wissenschaftlich erforscht. Zu einem schlüssigen Ergebnis führten diese Studien allerdings nicht; bestenfalls sagten sie etwas über die Forscher aus (Cadge, 2009).

Bittgebete sind menschlich verständlich. Sie drücken existierende Wünsche aus. Allerdings trägt die Einstellung dabei der menschlichen Natur nicht Rechnung. Nicht nur ist das Anspruchsdenken vermessen; es kommt hinzu, dass der Mensch gar nicht wissen kann, welcher Weg der beste für ihn ist. Er kann vielleicht durch das Schicksal gegen seinen Willen zu einem merkwürdigen Weg gezwungen werden, den er zunächst nicht versteht, der sich aber letztlich als sinnvoll erweist – was er erst später einsehen wird.

Das Bittgebet drückt eine Schwäche aus. Es beweist, dass man seinen Weg nicht klar zu sehen kann. Natürlich wird so etwas nicht zugegeben. Männer erheben fast immer den Anspruch, den Weg zu kennen, und sträuben sich beharrlich, nach dem Weg zu fragen (Pease & Pease, 2000, Kap.6). Deswegen gestehen sie sich in kritischen Situationen nicht ein, den Überblick verloren zu haben. Stattdessen fordern sie die Gangbarmachung des Weges, den sie in vermeintlicher Kenntnis gehen wollen. Dass sie dabei überhaupt um Hilfe bitten, ist schon ein

Zugeständnis und kostet sie Überwindung. Es ist jedoch immer noch ein Unterschied, ob man bei einer definierten Aufgabe um Hilfe bittet (quasi um Handlangerdienste ersucht) oder ob man seine völlige Hilflosigkeit eingesteht. Bittgebete waren in der Männerwelt akzeptabel.

Der zweite Grund zu beten war in der Männerwelt die Lobpreisung Gottes. Geradezu regelmäßig wurden in der muttersohnartigen Welt Gebete zu Lobpreisungen Gottes eingesetzt. Solche Lobpreisungen fallen leicht, wenn es einem gut geht. Das betraf hauptsächlich die Männer. Ob Frauen ehrlichen Herzens eine Ordnung lobpreisen konnten, die sie benachteiligte, mag dahingestellt bleiben.

Heute treffen Lobpreisungen nicht mehr den Zeitgeist. Bei Lobpreisungen hatte sich nämlich der Mensch der männlichen Welt wieder einmal überschätzt, wie es seine Art war. Nach neuem Verständnis, im Geist der Bescheidenheit, würde man sagen, dass es dem Menschen nicht zusteht, Gott und seine Schöpfung zu bewerten. Dieses Verhalten ist eigentlich unangemessen. Einem sehr tief stehenden Untertan steht es einfach nicht zu, seinen Herrscher zu loben.

In hierarchischen Systemen traten Lobpreisungen oft auf. Sie dienten zur Bestätigung der Herrschaftsverhältnisse. Allerdings ist eine Lobpreisung des Herrschers nur in menschlichen Hierarchien sinnvoll, wo die Untertanen dem Herrscher möglicherweise gefährlich werden können und in Schach gehalten werden müssen. In diesem Fall galten Lobpreisungen als Unterwerfungsrituale.

Diese menschliche Verhaltensweise wurde unkritisch auf die Herrschaft Gottes übertragen. Das war wohl nicht nur der männlichen Überheblichkeit geschuldet, sondern auch der mittelalterlichen Vorstellung einer hierarchisch geordneten Welt mit Gott an der Spitze, wie sie die Scholastiker beschrieben.

Lobpreisungen waren in mittelalterlichen Hierarchien üblich (und in Diktaturen noch heute). Auch der Gott des Alten Testamentes wurde als ein eifersüchtiger Gott beschrieben, der keine anderen Götter neben sich duldete und Gottesdienste einforderte.

Der Gott der weiblich werdenden Welt ist auf das Lob seiner Geschöpfe nicht angewiesen; er ist wohlwollend, ohne dafür Bedingungen zu stellen.

Die Gebetsinhalte ändern sich. Gebete in einer weiblich werdenden Welt sind Ausdruck der Gefühle gegenüber einer höheren Macht. In einer weiblich werdenden Welt gelingt es, Gefühle zu kultivieren. Sie entstehen nicht mehr nur zufällig durch äußere Ereignisse. Das ehemalige Nebenprodukt wird jetzt zur Hauptsache, wird gepflegt, zelebriert, mit anderen gemeinsam erlebt.

Im Gebet dominieren in der weiblichen Welt die Gefühle von Dankbarkeit und Vertrauen. Was für ein Unterschied! In der männlichen Welt stellte man noch unverschämte Forderungen. Das aus der Männer-Zeit stammende „Vaterunser" ist eine Aneinanderreihung von Imperativen: „Unser täglich Brot gib uns heute! Vergib uns unsere Schuld! Führe uns nicht in Versuchung! Erlöse uns!". Dagegen dankt man in der weiblichen Welt für das, was man erhalten hat. Ein Beispiel ist das Kirchenlied „Danke für diesen guten Morgen" aus dem Jahr 1961. Dankbarkeit ist nicht nur eine Botschaft an ein Gegenüber, sondern auch eine auf die dankbare Person zurückwirkende Äußerung. Sie führt zu einem Gefühl der Zufriedenheit.

Vertrauen zu schenken und zu erhalten, ist eine typische weibliche Stärke (Bierhof & Buck, 1997). Vertrauen wirkt übrigens ebenfalls auf den zurück, der es schenkt. Es sich einzugestehen stärkt das eigene Gefühl der Sicherheit und Ruhe.

Es handelt sich bei der Äußerung von Dankbarkeit und Vertrauen um eine Selbstverstärkung dieser Gefühle, die sich im Lauf eines Lebens entwickelt haben. Kinder kennen diese Gefühle gut, auch Frauen; Männern gehen sie mit der Zeit teilweise verloren: Sie glauben, das Gute in ihrem Leben selbst erkämpft zu haben und verlassen sich auch, was die Zukunft betrifft, am liebsten auf sich selbst. Dementsprechend waren Dankbarkeit und Vertrauen höheren Mächten gegenüber in der Muttersohnphase der Menschheit sekundär geworden und erreichen erst jetzt mit der Transgenderisierung der Menschheit einen beherrschenden Stellenwert.

In diesem Wandel kommt es daher zu der scheinbar paradoxen Situation, dass das schwindende Interesse am Jenseits mit einem wachsenden Vertrauen auf höhere Mächte einhergeht. Nur scheinbar aber handelt es sich um eine Paradoxie, da das Vertrauen bewirkt, dass man sich um die Beschaffenheit des Jenseits keine Sorgen mehr zu machen braucht.

Die geänderten Gebetsinhalte bringen es mit sich, dass formelhafte Gebete seltener werden. Wenn Gebete überhaupt verbal gestaltet werden, entspringen sie spontaner Improvisation. Sie können durchaus auch in Gemeinschaften zelebriert werden.

Nonverbale Gebete werden in der weiblichen Welt häufiger. Sie sind innere Gefühlsausbrüche. Gefühle statt Worte – das ist weiblich.

Glück

Der Mann sucht das große Glück (er ist sprichwörtlich der Glücksritter), die Frau ist mit dem kleinen Glück zufrieden (eine Glücksritterin gibt es nicht). Der Mann setzt alles auf eine Karte und gewinnt oder verliert. Er verspricht sich und anderen das Blaue vom Himmel herunter, mal zu recht, mal nicht. Nicht ganz ohne Grund sind der Glückspilz und der Unglücksrabe männliche Begriffsprägungen. Die Frau setzt nicht auf das große Glück, sondern geht beharrlich ihren Weg mit kleinen Schritten (Liegener, 2017a), führt ein geordnetes Leben, das verlässlich ist und kleine Freuden bieten kann. Sie findet Erfüllung, was auch immer sie tut.

Der Mann sucht das Glück, die Frau findet es.

Die Genderunterschiede in Bezug auf Glück lassen erwarten, dass sich in einer weiblich werdenden Welt die Einsicht durchsetzen wird, dass Glück nicht immer äußere Ereignisse voraussetzt, sondern hauptsächlich Folge einer inneren Einstellung ist.

Glück wird in der weiblichen Welt in der Form von Glückseligkeit angestrebt, eines langanhaltenden Glücksgefühls. Dieses Streben ist aus der griechischen Antike bekannt. Die Glückseligkeit, als Eudaimonia bezeichnet, wurde in jener Epoche genau analysiert und Wege zu ihrem Erlangen gesucht. Lediglich über diese Wege stritten die verschiedenen philosophischen Schulen. Unstrittig und allgemein akzeptiert war die These, dass Glückseligkeit Ziel aller Menschen ist.

Diese Einstellung ging im muttersohnartigen Mittelalter verloren. Zu jener Zeit wurde irdisches Glück als unwichtig angesehen. Glück konnte nur im Jenseits erreicht werden und war untrennbar mit der Gottesschau verbunden. Diesseitiges Glück barg höchstens die Gefahr, vom Ziel des jenseitigen Glückes abzulenken.

Die Parallelität zwischen griechischer Antike und transgenderisierender Welt war schon herausgestellt worden und beruht darauf, dass beide Kulturen weibliche Züge aufweisen.

In der Neuzeit (im Zuge der Transgenderisierung) wird irdisches Glück wieder Thema. Das Streben nach Glück ist sogar in der amerikanischen Verfassung verankert. In der Tat sind die Bedingungen für das Glücklichsein in der weiblichen Welt günstiger als sie es in der männlichen je waren. Easterlin entdeckte, dass relatives Einkommen für das persönliche Glück wichtiger ist als absolutes Einkommen (Easterlin, 2001). Das bedeutet, dass flache Hierarchien mit geringen Einkommensunterschieden das kollektive Glück fördern. Hierarchien abzubauen war als Zeichen der weiblich werdenden Welt festgestellt worden.

Weitere Gründe für Glück können im Vertrauen auf den Sozialstaat und einem wohnlichen Heim gefunden werden (Anwar, 2016). Vertrauen gilt als Stärke der Frauen (Bierhof & Buck, 1997), ebenso wie die Pflege des Heims. Es sieht ganz so aus, als ob die Transgenderisierung der Menschheit zu mehr Glück führt.

Wieder lässt sich ein Dreischritt erkennen: weibliche Einstellungen in der griechische Antike, Muttersohnähnlichkeit im Mittelalter und abermals weibliche Züge in der Transgenderisierungsphase.

In dieser Phase kann also Glück wieder im irdischen Leben gefunden werden. Die neue Bescheidenheit hilft. Luftschlösser müssen nicht mehr gebaut werden. Man muss sich nicht mehr aufs Jenseits vertrösten lassen.

Spaß und Freude

Der Unterschied zwischen Spaß und Freude besteht zum Teil darin, dass Freude normalerweise einen Anlass hat: Man freut sich auf etwas oder über etwas. Man kann sich auch am Leben selbst freuen; diese Lebensfreude hat ja ihren Grund in der so wahrgenommenen Schönheit des Lebens. Ein weiteres Unterscheidungsmerkmal besteht darin, dass Spaß für flüchtig, oberflächlich, ja manchmal billig gehalten wird, Freude aber für dauerhaft und tiefgehend und wertvoll.

Spaß braucht keinen Anlass, keinen Grund. Man ist ausgelassen, will es sein, füllt die Zeit mit nichtigen Aktivitäten. Manche wollen Spaß gar mit Alkohol oder Drogen erzwingen. In der Gruppe lässt er sich verstärken. Es geht um ein Wohlgefühl des Wohlgefühls wegen. Das Dopamin-System kommt in Gang. Der Mensch kann spaß- oder vergnügungssüchtig werden.

In der männlichen Welt setzte man sich große Ziele, auf die man sich freuen konnte. Spaß lenkte von der Verfolgung der Ziele ab und war verpönt.

Frauen sind vorgangsorientiert. Sie sind nicht auf ferne Ziele fixiert, sondern versuchen, die Situation zu meistern, wie sie ist. Die Welt der werdenden Muttertochter lässt Spaß ganz bewusst zu. Er bringt Wohlbefinden, verbessert die Situation."Have fun" ist zur Formel geworden.

Beim Weiblich-Werden der Welt verschiebt sich der Schwerpunkt von Freude zu Spaß. Schiller schrieb 1785 seine Ode „An die Freude", eine Apotheose der Freude; Roberto Blanco sang 1973 „Ein bisschen Spaß muss sein".

Auf dem Weg zur Spaßgesellschaft geht naturgemäß der Blick aufs Jenseits mehr und mehr verloren. Dabei ist es nicht so, dass man eine göttliche Gerechtigkeit verachten würde. Man hat nur nicht mehr so viel Angst davor. Vielmehr vertraut man auf ein göttliches Wohlwollen. Das normkonforme Verhalten, das von der Mehrheit gepflegt wird, unterscheidet sich in den für wesentlich gehaltenen Punkten nicht allzu sehr von dem kirchlich geforderten. Hinzu kommt: Gott ist nicht mehr die unerbittlich strafende Instanz des Mittelalters, sondern ein liebevoller, nachsichtiger Vater. Der Gott der weiblichen Welt lässt Spaß nicht nur zu, er gönnt ihn seinen Schäfchen sogar. Die pejorative Bezeichnung von Spaß als „billig" entstammt der Männerwelt.

Im religiösen Kontext wird oft von der Freude gesprochen, die Märtyrer im Opfer für Gott empfinden. Papst Franziskus sagt über den schweren Weg der Märtyrer (Franziskus I, 2014):
„Aber es ist ein Weg der Freude, weil uns der Herr niemals Prüfungen auferlegt, die wir nicht ertragen können."
Der Märtyrerkult hatte seinen Höhepunkt im Mittelalter. Die Bewunderung jener Heiligen darf nicht den Blick dafür trüben, dass die völlige Hingabe an ein höheres Ideal, wie sie der Märtyrer aufbringt, Kennzeichen des Muttersohnes ist. Der Muttersohn ist der Außergewöhnliche, der Besondere, im Guten wie im Bö-

sen (Liegener, 2016b): Die Spannweite reicht von Jesus bis zu Hitler (Pilgrim, 1986).

Fast Übermenschliches wird beim Märtyrertum von den Gläubigen verlangt, aber eine überirdische, bleibende Freude ist der Lohn.

In der weiblich werdenden Welt werden kleinere Brötchen gebacken. Es kann diese Ausnahmemenschen immer noch geben, aber es strebt nicht mehr jeder danach, so zu werden. Die Notwendigkeit eines Martyriums wird seltener gesehen. Zugeständnisse an Andersgläubige zu machen, ist in der weiblichen Welt akzeptabel. Man wird, wenn man nicht fanatisch ist, wegen derartiger Auseinandersetzungen kaum den Tod in Kauf nehmen.

Die Freude des Märtyrers wird bewundert, aber man eifert ihm nicht mehr nach. Der unbeschwerte Spaß kann unter Umständen fast als Dankgebet gelten. Den Lohn des Märtyrers im Jenseits wird man so nicht erlangen, aber das, was man bekommt, wenn es ein Jenseits gibt, wird genug sein.

Zusammenfassung und Schlussbemerkungen

Die Vorstellungen der Menschheit vom Jenseits wandelten sich im Lauf der Zeit. Dieser Wandel ist ein Indikator für den jeweiligen Zustand der Gesellschaft. Das Kollektiv der Menschheit machte in Analogie zu einem Individuum verschiedene Entwicklungsstadien durch. Diese lassen sich an den Jenseitsvorstellungen ablesen.

Der wohl am tiefsten greifende Wandel ist die sich gegenwärtig abzeichnende Transgenderisierung der Menschheit. Ein Symptom dieses Wandels ist der Verlust des Jenseits. Gemeint ist, dass man mehr und mehr darauf verzichtet, sich konkrete Vorstellungen vom Jenseits zu machen und sein Leben darauf auszurichten. Man geht in der weiblich werdenden Welt pragmatisch ans Leben heran, erfüllt Normen, statt nach fernliegenden Zielen zu streben.

Was man in der weiblich werdenden Welt aufgibt, ist die Anmaßung, sich ein Bild vom Jenseits zu machen. Das Vertrauen in die Zukunft ist dagegen eine weibliche Eigenschaft. Es hat sich weiterentwickelt. Genährt wird es durch die vielen Facetten, die alle die vergangenen Fragen nach dem Jenseits haben aufblitzen lassen. Aus diesem Vertrauen hat sich ein eher unspezifischer Glaube an die Sinnhaftigkeit der irdischen Existenz entwickelt, verbunden mit weiblichen Normen wie Aufopferung und Nächstenliebe, die an christliche Traditionen erinnern.

Literaturverzeichnis

Albrecht, H. (2008). Der weibliche Bio-Bonus. *Die Zeit*, Ausg. 28.

Anwar, A. (2016). Die glücklichsten Menschen der Welt leben in Dänemark. *Berliner Morgenpost, Online-Edition vom 17.3.*

Axelrod, R. (2009). *Die Evolution der Kooperation. 7. Auflage.* München: Oldenbourg.

Barclay, H. (1982). *Völker ohne Regierung: eine Anthropologie des Anarchismus.* London: Kahn and Averill.

Bardi, U. (2011). *The Limits to Growth Revisited.* Berlin / New York: Springer.

Bierhof, H., & Buck, M. (1997). Wer vertraut wem? Soziodemographische Merkmale des Vertrauens. In M. Schweer, *Vertrauen und soziales Handeln. Facetten eines alltäglichen Problems.* (S. 99-114). Neuwied: Luchterhand.

Braun, H.-J. (2000). *Das Jenseits – die Vorstellungen der Menschheit über das Leben nach dem Tod.* Frankfurt am Main: Insel Taschenbuch.

Bund, K. (2014). *Glück schlägt Geld. Generation Y: Was wir wirklich wollen.* Hamburg: Murmann.

Cadge, W. (2009). Saying Your Prayers, Constructing Your Religions: Medical Studies of Intercessory Prayer. *Journal of Religion 89, no. 3,* S. 299-327.

Delumeau, J. (2010). *À la recherche du paradis.* Paris: Fayard.

DRV. (2015). *Rentenversicherung in Zeitreihen, 21. Auflage.* Deutsche Rentenversicherung Bund, S.110.

Easterlin, R. (2001). Income and Happiness: Towards a Unified Theory, vol.111. *The Economic Journal,* S. 465-484.

Franziskus I. (2014). Heute gibt es mehr Märtyrer als in der Anfangszeit der Kirche. Frühmesse im vatikanischen Dästehaus "Domus sanctae Marthae" am 4. März 2014. *L'Osservatore Romano, Wochenausgabe in deutscher Sprache,* Nr. 13, 28. März.

Friedell, E. (1971). *Kulturgeschichte Griechenlands. Leben und Legende der vorchristlichen Seele.* München: C. H. Beck.

Inglehart, R. (1977). *The Silent Revolution. Changing Values and Political Styles Among Western Publics.* Princeton: Princeton University Press.

Inglehart, R. (1995). *Kultureller Umbruch. Wertewandel in der westlichen Welt.* Frankfurt: Campus.

Jung, C. G. (2011). *Die Archetypen und das kollektive Unbewusste (Gesammelte Werke 9/1).* Ostfildern: Patmos.

Khelifa, R. (2017). Faking death to avoid male coercion: extreme sexual conflict resolution in a dragonfly. *Ecology, vol.98, issue 6,* S. 1724-1726.

Lang, B. (2003). *Himmel und Hölle: Jenseitsglaube von der Antike bis heute.* München: C. H. Beck.

Liegener, C.-M. (2015). *Erbsünde und Erbschuld – Vom Ursprung unseres existenziellen Schuldbewusstseins.* Hamburg: tredition.

Liegener, C.-M. (2016a). *Wie wurde Jesus Gottes Sohn? Muttersöhne in der Bibel.* Essen: Die Blaue Eule.

Liegener, C.-M. (2016b). *Der Muttersohn im Mythos.* Hamburg: tredition.

Liegener, C.-M. (2017a). *Warum die Welt weiblich wird. Ein Psychogramm der Menschheit.* Leipzig: Einbuch-Verlag.

Liegener, C.-M. (2017b). *Kollektivpsychologische Ursachen des Populismus.* München: GRIN-Verlag.

Minois, G. (2000). *Hölle. Kleine Kulturgeschichte der Unterwelt.* Freiburg im Breisgau: Herder.

Moody, R. A. (1977). *Leben nach dem Tod.* Reinbek: Rowohlt.

Pease, A., & Pease, B. (2000). *Warum Männer nicht zuhören und Frauen schlecht einparken: Ganz natürliche Erklärungen für eigentlich unerklärliche Schwächen.* Berlin: Ullstein.

Pease, A., & Pease, B. (2002). *Warum Männer lügen und Frauen immer Schuhe kaufen.* Berlin: Ullstein.

Pilgrim, V. E. (1986). *Muttersöhne.* Düsseldorf : claassen.

Rahner, K. (2006). *Von der Unbegreiflichkeit Gottes: Erfahrungen eines katholischen Theologen. 4. Aufl.* Freiburg im Breisgau: Herder.

Remafedi, G. (1992). Demography of Sexual Orientation in Adolescents. *Pediatrics 89 (4),* S. 714-721.

Schwarz, G. (2007). *Die "Heilige Ordnung" der Männer: Hierarchie, Gruppendynamik und die neue Rolle der Frauen, 5.Auflage.* Wiesbaden: VS Verlag für Sozialwissenschaften.

Schweitzer, A. (1995). *Aus meinem Leben und Denken, 9. Aufl.* Frankfurt am Main: Fischer Taschenbuch.

Segal, A. (2004). *Life After Death: A History of the Afterlife in Western Religion.* New York: Doubleday Religion.

Vorgrimler, H. (1993). *Geschichte der Hölle.* München: Wilhelm Fink Verlag.

Vorländer, K. (2011). *Geschichte der Philosophie, Band 1, Nachdruck der Originalausgabe von 1921.* Paderborn: Salzwasser-Verlag.

BEI GRIN MACHT SICH IHR WISSEN BEZAHLT

- Wir veröffentlichen Ihre Hausarbeit, Bachelor- und Masterarbeit

- Ihr eigenes eBook und Buch - weltweit in allen wichtigen Shops

- Verdienen Sie an jedem Verkauf

Jetzt bei www.GRIN.com hochladen und kostenlos publizieren